LES
ÉVÉNEMENTS
DE MAI 1871

RACONTÉS ET JUGÉS

PAR UN

DOCTEUR EN MÉDECINE

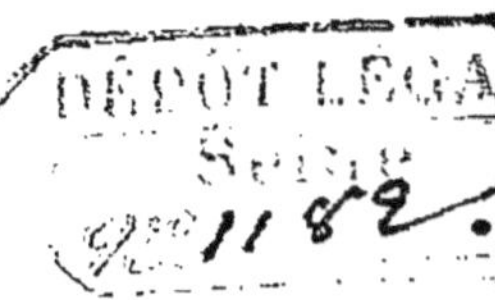

PARIS

VICTOR MASSON ET FILS

PLACE DE L'ÉCOLE-DE-MÉDECINE

1871

Extrait de la Gazette hebdomadaire de médecine et de chirurgie

LES ÉVÉNEMENTS

DE MAI 1871

Les effroyables événements dont Paris a été le théâtre, le témoin et la victime, pendant les sanglantes journées des 22, 23, 24, 25 et 26 mai, ne sont pas du domaine purement politique et social. A les bien considérer, ils touchent encore par un certain côté à la psychologie morbide, et, à ce titre, ils sont dignes des méditations des médecins aussi bien que de celles de l'homme d'Etat, du philosophe et du législateur. Avant d'entrer dans quelques considérations sur le caractère pathologique de ces faits et des insensés qui les ont accomplis, qu'on me permette de raconter d'une manière succincte mes impressions personnelles, —*quæque ipse miserrima vidi*, — telles que je les ai recueillies jour par jour et presque heure par heure, dans un des quartiers les plus éprouvés par le fer et le feu, le quartier de la Madeleine.

I

Première journée. — Le lundi 22 mai, à six heures du matin, de vives décharges d'artillerie et de mousqueterie se font entendre au loin, sur les limites du VIIIe arrondissement, dans

la direction de l'Etoile, des Ternes, de Courcelles et de Monceaux. Le bruit court que les troupes de Versailles, entrées dans
la nuit par les brèches du Point-du-Jour, d'Auteuil et de Passy,
s'avancent hardiment par les Champs-Elysées, le faubourg du
Roule et l'avenue de Neuilly. Je me dirige, par le boulevard
Malesherbes, vers l'hôpital Beaujon, où je pensais pouvoir
aisément me rendre utile, à raison du grand nombre de blessés qui devaient y affluer. Chemin faisant, je rencontre des
fédérés, l'arme au bras, étonnés, inquiets; les uns isolés,
d'autres réunis en groupes et paraissant attendre des ordres.
Boulevard Malesherbes et rue Tronchet, les arbres sont abattus et jetés en travers de la chaussée; des barricades s'élèvent
partout à l'improviste, rue Boissy-d'Anglas, rue d'Anjou, rue
de Suresnes, rue de l'Arcade, rue Godot, rue de la Ferme, rue
Caumartin, rue de Luxembourg, rue Richepanse. Les mé-
nagères courent effarées pour faire des provisions, mais elles
trouvent les boutiques closes, et la plupart rentrent au logis
sans pain et sans vivres. Les hommes n'osent se montrer. Ceux
qui se hasardent à sortir sont requis sans pitié pour lever des
pavés et travailler aux barricades. Grâce à mon brassard,
j'échappe à cette séditieuse corvée. Arrivé non loin de l'église
Saint-Augustin, j'entends les balles siffler au-dessus de ma
tête, et j'assiste aux premières escarmouches des éclaireurs de
l'armée avec les insurgés. Désespérant de pouvoir, sans en-
combre, parvenir à Beaujon, je rentre chez moi, place de la
Madeleine.

Tout faisait prévoir que la journée serait terrible sur ce
point. En effet, la place de la Madeleine était enveloppée d'une
étroite ceinture de barricades, et l'église, avec ses galeries
extérieures et sa colonnade, formait au centre de la place
une véritable citadelle. De plus, cette position commandait la
ligne des boulevards, et elle pouvait être considérée aussi
comme la clef des formidables travaux de défense accumulés
par les insurgés sur la place de la Concorde. Dans l'impossibi-
lité où j'étais de sortir, et en prévision de la lutte acharnée
dont ces lieux allaient bientôt devenir le théâtre, je résolus
d'installer une ambulance volante dans les vastes remises de
la maison que j'habite. En un clin d'œil, tous les locataires
aidant, j'avais à ma disposition plusieurs lits, une grande masse
de charpie, des quantités suffisantes de bandes, de compresses
et autres pièces de pansement. Un drapeau de Genève, flottant
sur la porte, indiquait aux combattants des deux camps que
leurs blessés trouveraient là des secours immédiats et les premiers soins.

La fusillade se rapproche et devient de plus en plus nourrie. Vers dix heures, on m'apporte un blessé. C'est un enfant de Paris, de dix-huit ans, qui a le pied droit traversé par une balle. Il pleure, et il demande avec instances qu'on place son fusil à ses côtés.

Deux fédérés se présentent avec des pioches pour percer un mur qui sépare notre maison d'une maison mitoyenne de la rue Saint-Honoré. Cette brèche était d'une grande importance, car elle établissait un passage couvert entre la place de la Madeleine et la rue Royale, et ménageait, au besoin, une voie de retraite aux insurgés repoussés de leur première ligne de défense. Déjà les coups de pioche allaient leur train, lorsque j'objecte aux démolisseurs que la maison possède une ambulance, et qu'elle est neutralisée par le drapeau de Genève. Ils cèdent d'assez bonne grâce à mes observations, et se retirent après avoir dressé simplement une échelle contre le mur, en déclarant au concierge qu'il en répondait sur sa tête.

Vers midi, les retranchements qui entourent la place de la Madeleine sont vivement attaqués. Une canonnade furieuse se fait entendre du côté de la place de la Concorde. Les coups de canon et les détonations des mortiers éclatent avec une violence inouïe et retentissent au loin dans les rues désertes. Des feux de peloton bien nourris se mêlent au bruit strident des mitrailleuses. Des obus éclatent autour de la Madeleine, et leurs éclats viennent frapper les maisons d'alentour ou passer en sifflant par-dessus les toits.

Ce vacarme dure toute la journée, tantôt augmentant, tantôt diminuant. Par la porte entr'ouverte, on voit les fédérés qui s'embusquent derrière les maisons et s'engagent en tirailleurs dans les rues voisines.

Dans la soirée, on m'amène tour à tour trois blessés atteints de plaies contuses, légères et superficielles. L'un d'eux est un jeune artisan, d'une vingtaine d'années, qui, malgré son air crâne et son ton belliqueux, ne paraît pas fâché d'avoir une petite entaille à la main droite pour se retirer du combat. — Un autre est encore un ouvrier, habitant Belleville. Il paraît un peu ému, autant par l'eau-de-vie que par la poudre. Il est célibataire ; mais il a une belle-sœur restée veuve avec deux enfants, auxquels son travail vient en aide. Celui-ci proteste également de son courage, comme le premier, et même il nous raconte ses exploits ; mais, au demeurant, il est bien aise aussi de pouvoir alléguer une excoriation de la jambe pour se mettre quelque temps à l'abri. — Le troisième blessé a les vêtements en désordre, le visage et les mains tout noirs de poudre ; nous n'avons pas de peine à le croire lorsqu'il nous dit qu'il s'est battu comme un enragé. Il a une fracture de côte, le nez saignant et fortement endommagé par un projectile. C'est un ancien matelot, maintenant ouvrier fondeur. Comme il me paraissait en proie à une vive émotion, je lui demande s'il est marié, s'il a des enfants. Il me répond en pleurant : « J'ai quatre enfants, et j'ai perdu ma pauvre femme. — Pourquoi donc, à votre âge (il paraissait avoir quarante-cinq ans), et chargé de famille comme vous l'êtes, vous battez-vous ainsi dans les rangs des fédérés? — Ah! monsieur, c'est vrai, cela est bien affreux de se tuer ainsi entre Français... Ah! si ma pauvre vieille mère le savait, si elle me voyait dans un pareil état?... » Et en disant ces paroles, il éclata en sanglots. Ces trois hommes s'accordèrent à reconnaître que leur cause était perdue, sans vouloir convenir qu'elle était mauvaise. Une fois pansés, ils remercièrent de leur mieux les personnes qui les avaient soignés, et demandèrent à retourner chez eux. Si j'en juge par ces trois échantillons, il est clair que beaucoup de fédérés se battaient à leur corps défendant, et ne s'étaient enrôlés que par contrainte sous le drapeau de l'insurrection.

La nuit arrive, sans apporter de trêve au combat. Je me jette tout habillé sur mon lit, l'esprit envahi de pressentiments sinistres, et ma dernière pensée tournée vers mes enfants, ma femme, ma mère, ma sœur, et tous ceux qui me sont chers. Point de sommeil, mais une somnolence agitée et souvent interrompue par les détonations intermittentes de la fusillade et du canon.

II

Deuxième journée. — Dès l'aube naissante du mardi 23, le tumulte s'accroît et devient plus aigu. La ligne de bataille se resserre autour de la Madeleine. Les barricades sont attaquées et défendues avec un égal acharnement. Des obus et des boîtes à mitraille éclatent sans interruption sur la place : les projectiles arrivent au seuil de notre maison et tombent dans notre cour. Il faut renoncer à faire des provisions, et se résigner à vivre des restes de la veille.

Un terrible duel d'artillerie semble engagé du côté de la

place de la Concorde. Voici plus de vingt-quatre heures que la lutte fratricide est commencée, sans résultat bien appréciable. Que de victimes déjà et que de sang versé ! Le ciel est d'une sérénité splendide, et le plus beau soleil de mai qui se puisse voir éclaire ces scènes de carnage !

Vers midi, on sonne le tocsin aux Tuileries, à Saint-Roch, à Sainte-Clotilde et dans plusieurs églises. Des affiches sont apposées sur les murs de la place de la Madeleine. Un garde national de planton dans notre voisinage nous dit que c'est un appel à la fraternité, ou plutôt à la désertion, adressé par la Commune aux soldats de l'armée de Versailles. Il nous apprend, en outre, que les troupes font des progrès sensibles, et qu'avant peu elles seront maîtresses des barricades du boulevard Malesherbes et de la rue Tronchet.

En entendant de tous côtés d'aussi effroyables explosions, je suis surpris de ne pas recevoir de nouveaux blessés. Mais le combat est tellement acharné, qu'on ne ramasse probablement ni les blessés, ni les morts !

A deux heures environ, un sous-officier fédéré pénètre dans la maison, inspecte les cours, et exprime tout haut son sentiment sur la nécessité d'abattre le mur, déjà entamé la veille, pour établir une facile communication avec la rue Saint-Honoré et la rue Royale. Pour toute réponse on lui montre l'ambulance. Il loue notre installation provisoire ; puis, ayant serré la main à son camarade blessé, il nous confie qu'il a cinquante-trois ans, qu'il est marié et père de deux « charmantes filles ». « Pourquoi donc exposez-vous votre vie ? — Pour défendre mes convictions politiques. — Vous n'aimez donc ni votre femme, ni vos enfants ? — J'adore ma femme, que j'ai épousée par inclination, j'adore aussi mes enfants ; mais j'aime aussi passionnément la Commune. — Comment se fait-il que vous soyez attaché si vivement à la Commune, elle ne fait pourtant pas de bien belles choses ? — Oh ! ce n'est pas précisément pour la Commune elle-même que je me bats, c'est pour les idées qu'elle représente et surtout pour le but qu'elle poursuit, qui est le triomphe du peuple. Vous verrez, si nous sommes vainqueurs !... Adieu, je sens que ça chauffe, je vais me battre encore ; et, si je suis blessé, je demanderai qu'on me transporte dans votre ambulance. » Cela dit, le fédéré va rejoindre ses compagnons d'armes.

En effet, cela chauffait plus que jamais. Quelques barricades étaient débordées par les soldats de la ligne. Les gardes nationaux avaient envahi les galeries de la Madeleine, et, embusqués derrière les colonnes, faisaient feu sur les soldats déployés en tirailleurs dans les rues voisines. Les maisons avaient été envahies aussi, et l'on tirait des fenêtres, de sorte que la place était traversée par une pluie de balles lancées par des combattants invisibles.

De cinq heures à huit heures du soir, les canons, les mortiers, les mitrailleuses et les chassepots redoublent de rage. Les détonations sont si nombreuses et si rapprochées, les explosions si violentes, les sifflements des projectiles si intenses, tous les bruits de la bataille sont tellement pressés, confondus, que l'on croirait entendre les mugissements sinistres d'une horrible tempête entrecoupés par les roulements du tonnerre et les éclats de la foudre. On sent que c'est l'effort suprême d'une lutte désespérée, et l'on ne peut s'empêcher de tressaillir d'horreur à la pensée du massacre qui ensanglante les rues! Au milieu de l'affreuse mêlée, trois personnes de mon voisinage, qui s'étaient imprudemment approchées de leurs fenêtres, une jeune fille de vingt-cinq ans, une dame d'une trentaine d'années, et un homme dans la maturité de l'âge, sont frappées d'une balle, la première à travers la poitrine, l'autre à la tête, l'autre au cou.

A neuf heures, tous les retranchements qui défendent le quartier sont enlevés, et les troupes de Versailles occupent la place de la Madeleine. D'une maison voisine on nous annonce que le n° 15 de la rue Royale et le n° 1 de la rue du Faubourg-Saint-Honoré sont en feu. Du cinquième étage nous voyons le foyer à 100 mètres de nous. Dans le lointain, nous apercevons un autre incendie, mais celui-là immense, formidable, et se développant parallèlement à la Seine. Nous pensons aux Tuileries, nous pensons au Louvre... Quelle perte irréparable! Tous les trésors du passé détruits à jamais! Mais ce n'était pas encore les Tuileries, ce n'était pas encore le Louvre qui brûlaient, c'était le palais de la Légion d'honneur, c'était le Conseil d'État, c'était aussi une partie de la rue de Lille, et la maison qu'habitait notre confrère et ami Dechambre, et sa bibliothèque et ses précieux manuscrits! Qu'il reçoive ici, pour une telle infortune, le témoignage de nos sincères regrets et de notre vive sympathie!

A minuit, le ministère des finances est en flammes. De une heure à deux heures du matin, la canonnade et la fusillade deviennent moins fortes, mais au bruit de la bataille succède l'horreur de l'incendie. Lorsque la poudre fait silence, on entend le craquement des murs qui s'effondrent, le fracas des maisons qui s'écroulent, et les cris de leurs malheureux habitants qui fuient éperdus. A toutes les fenêtres donnant sur notre cour apparaissent des hommes, des femmes, des enfants qui implorent aide et secours. Ils n'osent sortir ni par la rue Royale, ni par la rue Saint-Honoré, de peur de périr dans les flammes ou d'être atteints par les balles. Ce qui augmente leur frayeur, c'est que les insurgés font des perquisitions dans les maisons, fouillent les appartements, et fusillent impitoyablement les réfractaires et quiconque tente de s'évader. Au nombre de ces pauvres habitants si cruellement menacés se trouve un de nos plus éminents chirurgiens, qui me supplie de l'aider à sauver sa femme et ses deux adorables enfants. Un sauvetage général est organisé à la hâte. Des échelles sont dressées contre les murs de séparation des cours intérieures : hommes, femmes et enfants les escaladent et viennent chercher un asile dans notre maison, sous la protection de la croix de Genève. Chacun est en proie aux plus vives angoisses. Les hommes redoutent l'invasion et les vengeances des fédérés ; les enfants pleurent ; les femmes, affolées de terreur, veulent chercher dans la cave un refuge plus assuré. Tout le monde maudit cette abominable insurrection, qui sème partout la ruine et la mort. Près de deux heures, qui nous paraissent une éternité, s'écoulent ainsi au milieu des anxiétés les plus cruelles, que les ténèbres de la nuit accroissent encore. Je fais appel à tout mon sang-froid, et je m'efforce de calmer les esprits. J'attends surtout avec une grande impatience que les premiers rayons de l'aurore viennent m'aider dans cette tâche difficile, en répandant le bienfait de leur salutaire influence sur le moral de mes hôtes, en relevant leur courage et en ranimant leur espérance.

A trois heures et demie, au jour naissant, j'entr'ouvre doucement la porte cochère, et je vois passer sur la place de la Madeleine deux soldats de la ligne, avec leur capote grise et leur pantalon rouge. Je communique cette bonne nouvelle à nos réfugiés, qui l'accueillent avec joie. A quatre heures du matin, j'ouvre la porte plus grande, et j'aperçois un groupe de soldats avec un officier, puis le drapeau tricolore qui flotte sur la Madeleine ! C'est le signe du salut. Impossible d'exprimer notre émotion, notre joie, nos transports, en revoyant ce glorieux drapeau national, symbole de délivrance et de liberté, ce drapeau aimé, qui était proscrit de Paris depuis deux mois !... La place de la Concorde et ses formidables redoutes étaient au pouvoir de nos soldats !

III

Troisième journée. — Il est cinq heures du matin : un nouvel incendie, plus vaste, plus terrible, plus désastreux que les autres, éclaire le commencement de cette journée : c'est l'incendie des Tuileries ! D'énormes masses de fumée traversent le ciel comme de gros nuages épais, noirs, avec des teintes rougeâtres. L'air est empesté d'une odeur nauséabonde d'empyreume.

La rue Royale offre le spectacle de la plus affreuse désolation. Plusieurs habitations brûlent encore et vomissent, par les fenêtres béantes et par de larges crevasses, des torrents de flammes et de fumée. D'autres sont déjà réduites en cendres et couvrent le sol de leurs débris. A droite et à gauche on n'aperçoit que des amas de décombres, des monceaux de moellons et de plâtras, des maisons éventrées, des pans de murs grillés, des carcasses de bâtiments calcinées, qui s'effondrent et s'écroulent avec fracas. Partout des arbres dévorés par le feu ou hachés par les projectiles.

Quelques habitants du quartier se hasardent timidement dans les rues. La frayeur et la consternation sont peintes sur tous les visages. On se regarde avec anxiété, on s'aborde avec défiance ; on contemple avec stupeur ces ruines fumantes : on ose à peine se parler. De toutes les poitrines s'exhalent des soupirs, de toutes les bouches s'échappe ce cri : « Quelle horreur !... c'est affreux !... c'est abominable !... » Çà et là on rencontre des locataires des maisons brûlées, l'air effaré, les vêtements en désordre, et qui regardent en pleurant avec désespoir ce qui reste de leur demeure. D'autres essayent encore d'arracher au feu quelques épaves de leur mobilier. Quand on leur demande comment le feu a pris à leur maison, tous font unanimement cette réponse : — « Les insurgés, se voyant perdus, ont déclaré que, pour se venger, ils allaient incendier nos habitations ; ils nous ont donné cinq minutes pour nous sauver, avec défense expresse d'emporter quoi que ce soit. Et tout en proférant ces menaces, ils répandaient partout du pétrole, en versaient sur le parquet, en arrosaient les murs, en imprégnaient les lits, les tapis, les rideaux et les meubles. »

— Voilà ce qui explique comment d'immenses brasiers ont

pu s'allumer si vite, et comment de nombreux édifices ont été consumés à la fois et sont devenus en si peu de temps la proie des flammes. Il est aisé de se rendre maître de l'incendie toujours faible et limité que produisent les projectiles de guerre ; mais il est impossible d'arrêter les ravages d'un feu habilement préparé par des mains criminelles et alimenté avec un art infernal par des matières inflammables.

Des groupes se forment ; on y maudit les incendiaires : on voudrait les voir brûler vifs au milieu des flammes qu'ils ont allumées. Le bruit se répand que de malheureux locataires se sont réfugiés dans les caves, où ils sont ensevelis sous les ruines brûlantes de leurs habitations. On déblaye les décombres, on opère des fouilles, et dans la cave d'une maison portant le n° 4 du faubourg Saint-Honoré, on découvre les cadavres horriblement bouffis et livides de six personnes asphyxiées, et celui d'un jeune homme fusillé comme réfractaire par les fédérés ! Cette affreuse découverte arrache à la foule de nouveaux cris d'exaspération et de vengeance contre les abominables auteurs de pareils forfaits.

Les maisons habitées par les docteurs Voillemier et Campbell ont été rudement éprouvées, la dernière surtout, qui n'a dû son salut qu'à la vigilance et au courageux dévouement de notre confrère.

La Madeleine porte des traces nombreuses et profondes de la longue lutte dont elle a été le théâtre. Ses statues et ses magnifiques colonnes ont été entamées par des balles et par des éclats d'obus. Deux figures du superbe fronton décoratif de David (d'Angers) ont reçu des blessures heureusement légères.

Le commencement du boulevard Malesherbes est jonché d'arbres abattus, de branches coupées et de candélabres brisés. Les barricades, en cet endroit, sont fortement endommagées et largement ébréchées. Plusieurs des pavés qui les forment sont teints de sang ; l'eau des ruisseaux voisins est ensanglantée aussi. Çà et là, sur le sol, des débris d'armes, des lambeaux d'uniformes et des képis troués. De temps en temps passent des civières transportant des blessés aux ambulances ou des morts à la mairie.

La plus vive émotion règne dans la rue Boissy-d'Anglas. Une maison brûle, c'est celle d'un confrère, du docteur Paris, un des praticiens les plus honorés du quartier, un des doyens du corps médical parisien. Il y avait dans cette rue de chauds partisans de la Commune, notamment un mercier et un épicier, qui remplissaient, depuis l'arrestation du citoyen Allix, les fonctions de délégués à la mairie du VIIIᵉ arrondissement.

La foule, accusant, à tort ou à raison, les délégués d'avoir coopéré à l'incendie du quartier, s'était ruée sur leurs magasins et les avait mis au pillage ; on assurait aussi que les deux coupables avaient été passés par les armes dans leur propre domicile. Un tonnelier et un concierge, très-compromis également, n'auraient dû leur salut qu'à la fuite. Je les connaissais ces gens-là, je les rencontrais tous les jours : ils avaient de bonnes figures et d'honnêtes manières, ils jouissaient de l'estime générale ; ils faisaient d'excellentes affaires, ils avaient des établissements prospères. Qui donc les a jetés dans le mouvement révolutionnaire ? Sans doute le démon de l'ambition.

Dans beaucoup de maisons on fait la chasse aux insurgés ; on en trouve de cachés dans les caves, sous les combles, dans des placards, dans des alcôves, derrière les rideaux. Quelques-uns tirent des fenêtres ou du haut des toits sur les soldats qui passent dans la rue. Un sous-officier est grièvement blessé par une femme furieuse armée d'un revolver. Rue Royale, on vient, dit-on, de fusiller sur place un fédéré habillé en pompier, qui, faisant mine d'éteindre le feu, l'alimentait avec du pétrole.

On entend encore dans le lointain le bruit intermittent de la fusillade et du canon.

A midi, en rentrant, chez moi, j'éprouve une grande surprise et une grande joie, causées par l'arrivée imprévue d'un de mes bons vieux amis, qui était venu de province se mettre spontanément à la disposition des défenseurs de l'ordre, et était entré dans Paris derrière l'armée de Versailles. Comme il est doux de revoir et d'embrasser un ami véritable dans des circonstances aussi graves et aussi critiques ! Ce bonheur inattendu ranime le courage défaillant et relève l'âme abattue sous le coup de si pénibles émotions !

Je veux écrire à ma famille, mais la poste ne marche pas !.... De quinze lieues à la ronde on aperçoit les flammes qui dévorent Paris, et l'on n'a pas de nouvelles de ceux qui sont enfermés dans ses murs ! Quelles angoisses pour nos parents ! Quelles inquiétudes pour nos amis !

En traversant le rond-point des Champs-Élysées, je m'arrête, saisi d'une douloureuse émotion, à la vue des Tuileries qui brûlent encore ! Le pavillon de l'Horloge s'est écroulé, et dans quelques heures ce palais, un des plus beaux, des plus anciens et des plus illustres du monde, ne sera plus qu'un monceau de ruines ! Les Jacobins de 1793 l'avaient épargné ; mais il n'a pas trouvé grâce devant les Jacobins de 1871 !

Dans toutes les rues, on voit des gens occupés à boucher les soupiraux des caves et des sous-sols; car le bruit court que des enfants et des femmes de mauvaise mine se glissent le long des maisons et jettent, par les ouvertures, des matières inflammables et explosives.

Sur ces entrefaites, la bataille, qui semblait s'être apaisée dans la matinée, a repris avec une fureur nouvelle, dans la direction de l'Hôtel de ville. De quatre heures à six heures du soir, les détonations redoublent de violence; et de six heures à huit heures la canonnade et la fusillade se rapprochent de la place de la Concorde. L'armée libératrice serait-elle refoulée par l'insurrection triomphante? Les soldats, victorieux le matin, plieraient-ils sous l'effort suprême et désespéré des irréguliers de la Commune?...... J'ai eu, un moment, cette crainte et ce souci!... Mais, vers dix heures, l'effroyable vacarme cesse tout d'un coup. Les formidables défenses de l'Hôtel de ville sont prises d'assaut, et pendant tout le reste de la nuit on n'entend plus qu'à de longs intervalles la fusillade et le canon.

IV

Quatrième journée. — La première nouvelle qui circule dans Paris est celle de la prise de l'Hôtel de ville et de la place de la Bastille. Cette double victoire a coûté bien cher à notre vaillante armée!.... L'atmosphère est chargée, comme la veille, d'une fumée épaisse, grisâtre, nauséabonde. Des lambeaux de papiers et de chiffons brûlés voltigent dans l'air, comme des papillons noirs, et couvrent le sol des places et des rues. Dans la nuit, les insurgés ont mis le feu au Palais-Royal, à la bibliothèque du Louvre, au Palais de justice, à la Préfecture de police, au Théâtre-Lyrique, aux bâtiments de l'Assistance publique et, pour couronner leur œuvre sauvage de destruction, à l'Hôtel de ville!.... Oui, à l'Hôtel de ville, cette incomparable merveille de Paris, cet édifice populaire, unique au monde, cette *maison commune*, où les dictateurs du 18 mars tenaient leurs redoutables assises!.... Allez voir aujourd'hui ce qu'ils ont fait de ce « palais du peuple », naguère encore l'objet de leurs plus ardentes convoitises!...

Que d'innocentes victimes ont été moissonnées par cette

guerre fratricide et impie ! Pour ne parler que de celles que j'ai vues : ici, c'est une jeune fille dont la poitrine et la tête sont horriblement mutilées par des éclats d'obus ; là, deux jeunes gens de seize et de dix-huit ans ; plus loin, un homme de quarante et un ans et un vieillard de soixante ans, frappés mortellement pour s'être montrés imprudemment à leurs fenêtres ou avancés sur le seuil de leurs portes. Un père avait trouvé la mort en se rendant chez sa fille, qu'il n'avait pas vue depuis deux jours.

De misérables femmes attentent à la vie des soldats et des marins, en leur offrant des liqueurs empoisonnées.

De Belleville, du Père-Lachaise et des buttes Chaumont, qu'ils occupent encore, les fédérés lancent dans le cœur de Paris des bombes, des obus et des engins incendiaires.

Le temps continue à être ironiquement beau. Un grand nombre de maisons dans le faubourg Saint-Honoré, dans le quartier de la Madeleine et sur le boulevard, sont pavoisées de drapeaux tricolores.

La chapelle expiatoire de Louis XVI, dont la Commune avait décrété la démolition, est encore debout et intacte. La place de la Concorde présente l'image de la plus triste dévastation. La plupart de ses statues sont mutilées : celle de Lille, due au ciseau de Pradier, est coupée en deux ; l'une des fontaines est en pièces ; le sol est couvert de morceaux de candélabres et de débris de balustrades. Les chevaux de Marly, dont on a dit qu'ils valaient leur pesant d'or et qui se cabrent si fièrement à l'entrée des Champs-Elysées, ont échappé par miracle à de trop graves outrages ; ils sont seulement mouchetés par des empreintes de balles. Malheureusement il n'en est pas de même des chevaux ailés qui surmontent la grille principale du jardin des Tuileries, ni des groupes allégoriques de Fleuves qui entourent le grand bassin. Ces chefs-d'œuvre de la sculpture du xviᵉ et du xviiiᵉ siècle ont subi d'irréparables mutilations. L'obélisque seul se dresse intact au milieu de cette place désolée !... Au fond de ce lugubre tableau, les murs noircis, calcinés, percés à jour, du palais des Tuileries !

La façade et les frontons du ministère de la marine portent les stigmates de nombreux éclats d'obus. Ce beau monument, voué aux flammes, comme les autres, a dû, dit-on, son salut à la présence d'esprit et à la fermeté d'un chirurgien de marine, qui a arrêté la main des insurgés au moment où ils allaient porter la torche incendiaire sur les tapisseries et les meubles enduits de pétrole. Le même sort était réservé à l'hôtel Crillon, ancien garde-meuble. Mais il paraît que le bon vin dont les caves de cet hôtel étaient pourvues a triomphé de la férocité des exécuteurs chargés de la sinistre besogne.

La barricade ou plutôt la formidable redoute qui commande la rue de Rivoli et la rue St-Florentin est désarmée de ses canons et de ses mitrailleuses. Il a fallu à nos troupes une grande habileté et une indomptable énergie pour s'emparer de semblables défenses !... La rue de Rivoli est obstruée par les ruines du ministère des finances. On travaille activement à éteindre l'incendie qui dure encore.

Vers six heures du soir, un nombreux convoi de fédérés prisonniers, passant sur le boulevard des Capucines, est accueilli par les invectives et les imprécations de la multitude.

Mais quels sont ces nouveaux tourbillons de fumée qui s'élèvent au loin, dans la direction du sud-est? C'est le grenier d'abondance qui brûle..... A part quelques coups de canon tirés par intervalles, dans le lointain, le calme et le silence règnent dans le centre de Paris. Quel heureux contraste avec l'effroyable tempête des jours précédents !

V

Cinquième journée. — Une pluie bienfaisante et vivement désirée tombe fort à propos pour éteindre les incendies qui dévorent Paris, et pour seconder la tâche des pompiers accourus de tous les points de la France et de l'étranger au secours de la capitale embrasée.

Les batteries établies par l'armée régulière sur les buttes Montmartre bombardent à outrance les hauteurs de Belleville et le cimetière du Père-Lachaise, où se sont retranchés les derniers défenseurs de la Commune. Le soir même, ces positions sont enlevées; et, deux jours après, l'insurrection était écrasée, et Paris rendu à l'ordre, au travail et à la liberté.

VI

J'ai raconté les faits. Il me reste à les apprécier, ainsi que leurs auteurs, en me plaçant, autant que le sujet le comporte, sur le terrain de la médecine psychologique. Aussi bien, j'y suis entraîné et comme devancé par le bon sens public. Tous ceux, en effet, qui parlent ou qui écrivent sur les événements accomplis à Paris depuis le 18 mars jusqu'au 28 mai, se servent, d'un commun accord, pour les qualifier, des mots *maladie morale, aberration mentale, démence, convulsion, épilepsie, alcoolisme, délire, frénésie, rage, folie furieuse, monomanie*, etc. Le Times de Londres a prononcé le mot de *delirium tremens*; les Allemands disent *morbus democraticus*. Ces expressions, empruntées au vocabulaire médical, sont sur toutes les lèvres et au bout de toutes les plumes; et notez bien que la plupart de ceux qui les emploient les prennent au propre plutôt qu'au figuré. C'est que, en vérité, les actes de la Commune, les derniers surtout, sont si extraordinaires, si étranges; ils atteignent un si haut degré de violence et de monstruosité; ils dépassent tellement en odieux attentats et en horribles forfaits les précédentes insurrections, qu'ils semblent sortir entièrement des bornes de la saine raison pour entrer dans le domaine de la fureur maniaque. Aux regards du médecin plus encore qu'aux yeux du vulgaire, ces faits apparaissent comme un immense phénomène de folie collective, comme l'explosion désordonnée d'un accès de manie épidémique. Alors la pensée se reporte naturellement vers ces grandes vésanies du moyen âge, qui éclataient sur des populations entières, répandaient partout l'effroi, la désolation, le meurtre et l'incendie. Cela fait songer aussi à ces transports de fureur sauvage que provoquent l'épilepsie et l'alcoolisme, et qui ne peuvent être assouvis que dans le sang, le carnage et la destruction.

L'alcoolisme! Ah! c'est là une des pires maladies sociales du temps présent! Qui pourrait dire le rôle considérable qu'a joué, dans nos désastres d'abord, et plus tard dans nos discordes civiles, l'abus de l'alcool, ce redoutable poison qui bouleverse la raison, tue la conscience, éteint les nobles sentiments, surexcite les mauvais instincts et fait de l'homme une brute ignoble ou une bête fauve! On n'a pas oublié les ordres sévères par lesquels l'infortuné général Clément Thomas a flétri, pendant le siége, les scènes honteuses et immondes de débauche, d'ivrognerie, d'indiscipline et de lâche défection, auxquelles se livraient certains bataillons de la garde nationale, dans les tranchées, en face même de l'ennemi. Il est notoire aussi que l'ivresse était un des stimulants les plus efficaces employés par la Commune pour entretenir le zèle de ses adeptes, exalter l'enthousiasme de ses fidèles, aiguillonner l'ardeur de ses combattants. On se rappelle dans quel piteux état les troupes de Versailles trouvèrent les défenseurs des forts d'Issy et de Vanves ! Enfin, tous les témoignages s'accordent à reconnaître que la plupart des incendiaires étaient en proie à une excitation alcoolique qui les rendait sourds à la voix de l'humanité et inaccessibles à toute idée de compassion.

Est-ce à dire qu'il faille mettre uniquement au compte de l'alcoolisme les épouvantables excès qui ont semé dans Paris tant de deuils et tant de ruines? Assurément non. La perversité, la colère, la haine, la vengeance, la scélératesse, tous les vices, toutes les méchantes passions, ont aussi contribué pour une large part à l'accomplissement de ces effroyables forfaits. On ne doit pas oublier que la Commune avait adressé un appel à tous les perturbateurs de l'Europe, qu'elle avait fait de Paris le repaire et la citadelle de tous les ennemis de l'ordre social, qu'elle avait armé les truands des barrières et les bandits des carrières d'Amérique, qu'elle avait ouvert les portes de Mazas et de la Roquette aux criminels et aux assassins pour y emprisonner, à leur place, des gendarmes, des prêtres, des religieux et des magistrats. Ce n'est certainement pas calomnier les fédérés que de dire qu'il y avait dans leurs rangs, et même à leur tête, bon nombre de relaps étrangers, de réclusionnaires et de repris de justice. N'était-ce pas de l'élite de ces misérables que le citoyen délégué à la guerre avait formé cette fameuse compagnie des *fuséens*, organisée la veille ou le lendemain du jour où le Comité de salut public prescrivait la réquisition générale du pétrole? Il y avait donc aussi des criminels émérites et des brigands de profession parmi les incendiaires ; et ceux-là, on devait les reconnaître au cynisme, au raffinement, à la cruauté spéciale, avec lesquels ils perpétraient leur sinistre besogne.

Et maintenant, que penser et que dire des membres de la Commune? S'il est vrai qu'un arbre se juge à ses fruits, quel jugement assez rigoureux, assez terrible, pourra-t-on porter contre des hommes qui n'ont pas craint d'assumer la responsabilité de pareilles atrocités, d'allumer la guerre civile sous le regard satisfait de nos implacables vainqueurs, de faire subir à Paris les souffrances d'un second siége et les horreurs d'un nouveau bombardement, de prolonger l'opprobre et les douleurs de l'occupation étrangère, de compromettre le crédit du pays, d'ajourner la reprise du travail, d'aggraver dans d'effroyables proportions les calamités, les ruines et les misères accumulées par l'invasion germanique? Non, sans doute, l'opinion publique contemporaine et l'histoire ne sauraient flétrir avec trop d'indignation cette poignée de factieux cosmopolites, qui ont fait peser sur la capitale du monde civilisé le joug le plus odieux, porté la main sur toutes les libertés, violé le sanctuaire de la conscience et celui de la famille, emprisonné sans jugement des citoyens intègres, versé des flots de sang innocent, en un mot, consommé autant d'attentats en deux mois que le despotisme en avait commis en quatorze siècles.

Quel a donc été le mobile d'actes aussi abominables? Quel but poursuivaient leurs auteurs? La régénération sociale et l'émancipation du prolétariat? L'extinction du paupérisme? Le relèvement des classes laborieuses? Le bien-être universel? Oui, nous croyons sans peine qu'il y avait parmi les coryphées de la Commune et les fauteurs de l'insurrection quelques esprits fourvoyés, sincèrement épris des utopies communistes et qui songeaient de bonne foi à poursuivre la réalisation de ces chimères. Mais à côté de ces théoriciens, de ces rêveurs, de ces sophistes, il y avait, en grande majorité, des énergumènes, des monomanes et des fanatiques dangereux, des individus d'un tempérament cruel et d'un caractère féroce.

Il y avait aussi une catégorie non moins redoutable de libertins, de paresseux, d'intelligences médiocres, d'esprits jaloux, de gens déclassés, impuissants, fruits secs de toutes les professions. Pour ne parler que de la nôtre, on comptait, dans le personnel communal, trois ou quatre docteurs équivoques, médecins interlopes et d'une qualité infime, dont les noms ne figurent sur aucun annuaire ni sur aucun agenda médical. Aussi avons-nous bien le droit de ne pas les reconnaître comme nôtres. Eh bien! c'est particulièrement à cette troisième catégorie de communeux que nous appliquerions volontiers le jugement d'un éminent publiciste, lorsqu'il les représente « se ruant à l'assaut du pouvoir, ambitionné pour ses avantages matériels et ses jouissances ardemment enviées. Furieux, ajoute-t-il, de se sentir définitivement vaincus, ces misérables ont cherché une âpre consolation à leur défaite dans la pensée qu'ils allaient priver les autres des biens dont ils n'avaient pu parvenir à s'emparer eux-mêmes. » Et plus loin : « Évidemment ce qui tourmentait avant tout les partisans de la Commune, c'était l'envie. Ils avaient tout risqué pour s'emparer des richesses de ce monde, longtemps convoitées ; ils se consolaient de les perdre en empêchant au moins les autres d'en jouir après eux. »

Il y avait enfin, ai-je dit plus haut, parmi les membres et les adeptes de la Commune, des fanatiques, des énergumènes, des monomanes, en un mot, des fous ! La folie de quelques-uns était même de notoriété publique. Celui-ci avait passé deux ou trois années de sa vie à Charenton ; celui-là avait hanté plusieurs établissements d'aliénés ; cet autre avait été traité à Bicêtre pour des accès de délire alcoolique. Bien plus, deux des membres dont nous parlons ont été reconnus aliénés par leurs collègues, et, de ce chef, évincés de la Commune.

D'ailleurs, si l'on veut juger à sa véritable valeur l'état mental des héros du 18 mars, il convient de l'examiner dans ses trois modes de manifestations : les paroles, les écrits, les actes. C'est là un criterium scientifique qui trompe rarement.

Les paroles !... Vous les avez vus, dans les clubs de Montmartre, de la Villette, de Belleville et de Charonne, vous les avez vus ces orateurs barbus et chevelus, s'agitant et vociférant à la tribune comme des furieux, gesticulant comme des possédés, écumant comme des épileptiques? Avez-vous entendu leurs cris de rage, leurs déclamations furibondes, leurs discours insensés, leurs motions extravagantes, leurs propositions subversives? Ah ! était-ce là le langage de la raison et du sens commun ! Ces provocations au désordre et à la guerre civile, ces appels à la rébellion, ces excitations à la discorde, au pillage et au meurtre, ces colères et ces clameurs forcenées contre les institutions sociales, n'était-ce pas vraiment l'image achevée d'un accès de folie furieuse ?

Les écrits étaient aussi véhéments, aussi désordonnés, aussi déraisonnables que les discours. C'étaient les mêmes attaques brutales contre la famille, la morale, la religion, l'héritage et la propriété ; les mêmes emportements contre tout ce qu'il y a de respectable et d'honnête ici-bas ; les mêmes débordements de passions et de haine, les mêmes déchaînements de vengeance et de fureur contre l'ordre social. C'étaient aussi les mêmes idées bizarres, les mêmes conceptions singulières, les mêmes excentricités, les mêmes extravagances, les mêmes utopies, les mêmes abominables doctrines. Et comme la forme de ces élucubrations était bien en rapport avec le fond ! Quel dévergondage de style ! Quel abus de la métaphore et de la couleur ! Quel cynisme dans la pensée et dans l'expression !

Sans parler des grossièretés immondes et des obscénités révol-
tantes du *Père Duchéne*, vous avez lu quelquefois — ne fût-ce
que par curiosité — les articles violents du *Réveil*, les diatri-
bes furieuses de la *Patrie en danger*, les élucubrations insensées
du *Cri du peuple*, les divagations obscures, incohérentes, caba-
listiques du *Combat* et du *Vengeur*. Eh bien! n'avez-vous jamais
été frappés de la tournure étrange et du langage tourmenté
de ces écrits, où l'aberration intellectuelle et l'exaltation cé-
rébrale de l'auteur se trahissaient à chaque ligne, à chaque
mot! On pourrait aisément citer maints passages de ces jour-
naux qui semblaient être sortis de l'imagination en délire
d'un agité de Bicêtre ou d'un halluciné de Charenton.

Enfin, les actes!... Ce qui dénote essentiellement les actes
des aliénés, c'est d'être contraires à toute raison, à toute justice, à toute équité, à toute convenance; c'est leur tendance
dangereuse, nuisible, malfaisante, leur caractère de désordre,
de violence, quelquefois d'atrocité. La perversion des facultés
affectives et morales est, sans contredit, un des traits les plus
significatifs de la folie. Tous les fous sont insociables, défiants,
ombrageux, ennemis de leurs semblables, en révolte conti-
nuelle contre les lois, les usages et les mœurs de la civilisa-
tion : d'où la nécessité de les séquestrer. Il y a une catégorie
de fous qu'on nomme *lucides* et qui n'ont d'autre occupation
et d'autre souci que de médire, de calomnier, de dénoncer, de
faire du mal. Quelques-uns ne se plaisent que dans le vol, le
pillage, la dévastation, le massacre, le sang et l'incendie, et
quand ils commettent ces actions abominables, ils le font avec
une fureur aveugle et une férocité sauvage.

Beaucoup d'œuvres de la Commune, surtout les dernières,
ne sont-elles pas marquées de ces fatales empreintes? Jamais
le soupçon, la méfiance, la délation n'ont exercé plus de ravages que sous ce funeste régime. Même, à un certain moment,
ces mauvais sentiments avaient pris une telle recrudescence
qu'un journal ami de la Commune ne put s'empêcher de qualifier le gouvernement de l'Hôtel de ville de « Société de défiance mutuelle». Quant à la criminelle folie des communeux,
à leurs sentiments de haine, de vengeance et de rage contre le
reste de l'espèce humaine, nous n'en trouvons, hélas! que des
preuves trop nombreuses et trop évidentes, des témoignages
trop sanglants et trop horribles dans le massacre des otages et
dans les ruines de Paris.

Sans prétendre exagérer l'importance du système de Lava-
ter, nous ne pouvons nous empêcher de reconnaître qu'il
trouve dans l'espèce une application assez exacte. Si vous

vous êtes arrêtés devant les photographies des membres de la Commune, exposées avec une certaine profusion derrière la vitrine des papetiers, des photographes et des marchands d'estampes, où mieux si vous avez vu les personnages eux-mêmes dans les clubs rouges, dont ils étaient les orateurs habituels et les dignitaires favoris, vous avez dû être frappés de leur étrange et sinistre physionomie. A part quelques rares exceptions, ce n'est point le rayonnement intellectuel qui se reflète sur ces visages, c'est le type instinctif et passionnel qui y domine. Aucune noblesse, aucune élévation, aucune dignité dans les traits, pour la plupart ridés, flétris avant l'âge, profondément ravagés par les stigmates ineffaçables des plus ardentes passions. Quelques-uns ont l'expression inoffensive et béate de mystiques et d'illuminés. D'autres présentent ce désordre particulier de la tête, cet égarement inexprimable de la physionomie, cet œil fiévreux qu'on n'observe d'habitude que dans les maisons d'aliénés. Enfin ce qu'il y a de très-caractéristique chez le plus grand nombre, c'est l'absence absolue de tous les sentiments expansifs et bienveillants, et la prédominance des appétits pervers et des instincts malfaisants, se traduisant par une forte empreinte de violence et de dureté dans les traits, par une vive expression de défiance, de haine, d'envie et de férocité dans le regard. Placez à côté de quelques-unes de ces figures celles de certains hommes que de grands attentats ont rendus tristement célèbres, et vous serez frappés de la ressemblance!

En dernière analyse, et comme conclusion de cette simple et courte esquisse médico-philosophique, nous dirons :

L'insurrection du 18 mars, avec ses horribles conséquences, a été l'explosion violente d'un accès de fièvre sociale, dès longtemps préparé par les vingt années de corruption profonde et de débauche effrénée, mûri par les désastres inouïs de la guerre, les souffrances du siége et la catastrophe suprême de la capitulation de Paris.

Le concours de plusieurs influences malsaines a contribué à faire éclater le mouvement. Nous nous bornerons à enregistrer les principaux facteurs de cette terrible crise, qui sont, à nos yeux : l'antagonisme et l'antipathie des classes; le contraste irritant de l'insolente opulence des uns et de la profonde misère des autres; la perversion croissante des mœurs et le honteux avilissement des caractères; le spectacle écœurant de tous les scandales, de toutes les turpitudes et de toutes les infamies; le déchaînement des ambitions et des convoitises; le débordement d'un luxe babylonien; la soif immodérée du pouvoir et des jouissances; la surexcitation des instincts égoïstes et des mauvaises passions ; la pernicieuse propagande des théories communistes et des doctrines subversives; le dédain des fortes croyances et le mépris des lois; enfin la dépravation des facultés intellectuelles et morales par l'empoisonnement alcoolique.

Quant aux acteurs de ce drame épouvantable, de cette orgie sanglante, on peut les classer, sans risque d'erreur, dans les catégories suivantes :

Parmi les chefs, une faible minorité de doctrinaires convaincus et sincères, mais manquant de rectitude et de bon sens ; un certain nombre de monomanes et d'illuminés ; quelques hommes d'un caractère farouche et cruel ; beaucoup de libertins et d'ambitieux vulgaires.

Parmi les adeptes, beaucoup de malheureux égarés par de dangereux sophismes, aveuglés par l'ignorance et la misère, ou entraînés par de détestables penchants ; beaucoup de dupes fascinées par des promesses mensongères ; beaucoup d'esprits faibles et timides subjugués par la peur ; enfin, un trop grand nombre, hélas ! de paresseux et de déclassés, de gens sans foi ni loi, de débauchés, de vauriens, d'escrocs et de repris de justice, légion diabolique recrutée dans tous les bas-fonds de l'Europe.

Dr A. Linas.

Paris. — Imprimerie de E. Martinet, rue Mignon, 2.